AF312503

GALERIE
D'un Amateur de Vienne. *(M. Meyer)*

TABLEAUX
MODERNES

Des Écoles
FRANÇAISE, ALLEMANDE & FLAMANDE

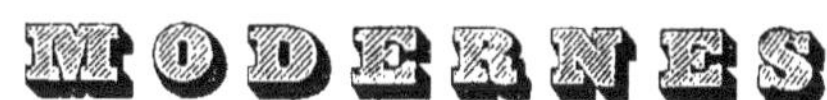

VENTE

Les Vendredi 27 & Samedi 28 Avril 1866.

EXPOSITION PARTICULIÈRE
Le Mercredi 25 Avril 1866, de une heure à cinq heures.

EXPOSITION PUBLIQUE
Le Jeudi 26 Avril 1866, mêmes heures.

Mes CH. PILLET & ESCRIBE, Commissaires-Priseurs.
M. FRANCIS PETIT, Expert.

A VIENNE
M. P. KAESER, Bognergasse, 2.

RENOU ET MAULDE

IMPRIMEURS DE LA COMPAGNIE DES COMMISSAIRES-PRISEURS

Rue de Rivoli, 144.

CATALOGUE

DE

TABLEAUX MODERNES

IMPORTANTS

Formant la Galerie d'un Amateur de Vienne, Meyer

DONT LA VENTE AURA LIEU

HOTEL DROUOT

SALLE N° 5

Les Vendredi 27 & Samedi 28 Avril 1866,

À DEUX HEURES ET DEMIE PRÉCISES

Par le ministère de Me **CHARLES PILLET,** Commissaire-Priseur,
rue de Choiseul, 11,

Et de Me **EUGÈNE ESCRIBE,** son Confrère, rue Saint-Honoré, **217,**
Assisté de **M. Francis PETIT,** Expert, rue de Provence, **43.**

EXPOSITION PARTICULIÈRE

Le MERCREDI 25 Avril 1866, de une heure à cinq heures.

EXPOSITION PUBLIQUE

Le JEUDI 26 Avril 1866, de une heure à cinq heures.

PARIS

RENOU & MAULDE

IMPRIMEURS DE LA COMPAGNIE DES COMMISSAIRES-PRISEURS
Rue de Rivoli, 144.

—

1866

CONDITIONS DE LA VENTE

Elle sera faite au comptant.

Les Acquéreurs paieront, en sus de leurs adjudications, CINQ POUR CENT, applicables aux frais.

CE CATALOGUE SE DISTRIBUE :

A Paris	Chez MM.	**PILLET**, Commissaire-Priseur, rue de Choiseul, 11.
Id.	—	**ESCRIBE**, Commissaire-Priseur, rue Saint-Honoré, 217.
Id.	—	FRANCIS PETIT, expert, rue de Provence, 43.
A Vienne	—	KAESER, 2, Bognergasse.
A Berlin	—	LEPKÉ, 21, unter den Linden.
A Francfort	—	KOLBACHER.
A Amsterdam	—	C.-F. Roos, 165, Rohen.
A La Haye	—	GOUPIL et Cie, 14, Plaats.
A Rotterdam	—	D. A. LAMME.
A Bruxelles	—	ÉT. LEROY, 12, place du Grd-Sablon
Id.	—	HOLLENDER, 3, rue des Croisades.
A Liége	—	VAN MACKE, rue de l'Université.
A Londres	—	GAMBART, 120, Pall-Mall.
Id.	—	COLNAGHI, 14, Pall-Mall-East.
A Manchester	—	AGNEW.
A Pétersbourg	—	NEGRI, père et fils.

DÉSIGNATION

ADAM (A.)

1 — Chevaux hongrois.

Des chevaux sont réunis en troupe et dirigés par un Czikos, dans les plaines de la Hongrie.

Daté 1857. — H. 74 c. L. 1m,30 c.

AMERLING (Fr.)

2 — La Jeune Mère.

Paysanne de la Dalmatie regardant son enfant endormi sur ses genoux.

H. 1m,13 c. L. 85 c.

DE BLOCK (E.)

3 — Causerie amoureuse.

Un jeune pêcheur et une jeune fille causent au travers d'une fenêtre ouverte.

Daté 1857. — H. 63 c. L. 59 c.

BOULANGER (G.)

1600.

4 — Il ne faut pas jouer avec l'Amour.

Une nymphe défie l'Amour qui cherche à l'enlacer.

Daté 1860.—H. 31 c. L. 23 c.

BOULANGER (G.)

1620.

5 — On s'en repent.

La nymphe est prise, elle implore vainement le dieu Pan.

Daté 1860. — H. 31 c. L. 23 c.

BRACKELEAR (F. DE)

1250.

6 — Un Jour de Saint-Nicolas.

De joyeux enfants sont réunis dans un intérieur flamand, les uns commencent à danser au son d'un violon que tient un vieux ménétrier monté sur un bahut, d'autres entourent une table qu'une servante couvre de fruits et de gâteaux.

Daté 1836.—H. 82 c. L. 1m.

BRACKELEAR (F. DE)

860. 7 — Le *la !*

Un vieux bonhomme, son violon à la main, cherche à accorder sa voix, celle de sa vieille compagne et l'instrument. Une servante s'enfuit en se bouchant les oreilles.

Daté 1860.—H. 46 c. L. 36 c.

CARRIÈRE (A.)

160. 8 — Jeune Femme appelant son perroquet.

H. 34 c. L. 26 c.

CERMAK (J.)

800. 9 — Après une Razzia.

Une femme monténégrine, dépouillée de ses vêtements, est étendue à demi morte sur le sol, des cavaliers fuient au galop dans la montagne, effet du soir.

Daté 1862.—H. 85 c. L. 63 c.

CHAPLIN

700.

10 — La Nymphe Salmacis endormie entourée de Zéphyrs.

H. 13 c. L. 23 c.

CLAES (C.)

1620.

11 — La Réconciliation.

Un curé de campagne, assis sur un tronc d'arbre renversé, cherche à réconcilier des enfants qui se sont disputés.

Daté 1862.—H. 62 c. L. 84 c.

COMPTE CALIX

4100.

12 — Le Départ des hirondelles.

Un jeune femme, accoudée à la porte d'un petit pavillon de parc regarde mélancoliquement passer les oiseaux voyageurs.

Salon de 1863.—H. 99 c. L. 80 c.

DECAMPS

13 — Le bon Samaritain.

30. Un homme descendoit de Jérusalem en Jéricho, il tomba entre les brigands......

33. Mais un bon Samaritain lui resserra ses plaies, puis le mit sur sa beste et le mena en l'hostellerie et le pansa.

(Évangile selon saint Luc, chap. x.)

Des serviteurs portent le blessé vers un escalier de pierre qui conduit à l'hôtellerie, tandis qu'un autre retient par la bride l'un des chevaux du Samaritain. Divers personnages regardent des fenêtres ou du haut du palier. Au fond, sont de grands bâtiments traversés par une galerie voûtée, dont l'entrée est frappée par le soleil.

Vente Decamps.—H. 93 c. L. 75 c.

DECAMPS

14 — Boucherie turque.

Le boucher dort couché sur le seuil de son étal, son chien observe un serviteur qui, dans une cour intérieure, achève, en plein soleil, de préparer un mouton dépouillé.

Vente Decamps.—H. 93 c. L. 75 c.

DEDREUX (Alfred)

2.200.

15 — Illusions.

Une Amazone montée sur un cheval blanc, cache une lettre dans un arbre creux.

Daté 1860.—H. 65 c. L. 81 c.

DEDREUX (Alfred)

700.

16 — Jeune Écossaise.

Une jeune fille écossaise descend de la montagne, portant une corbeille sur la tête et accompagnée de deux chiens.

H. 92 c. L. 73 c.

DEDREUX (Alfred)

600.

17 — Amazone

Elle est vêtue d'un costume de l'époque de Louis XV, et montée sur un cheval blanc.

H. 46 c. L. 32 c.

DEJONGHE (G.)

1150.

18 — La Jeune Mère.

Une jeune femme vêtue d'un peignoir et assise sur son lit qu'elle
vient de quitter, tient dans ses bras un jeune enfant qu'elle allaite.

H. 55 c. L. 44 c.

DEJONGHE (G.)

1710.

19 — Le Baiser du matin.

Un jeune enfant est venu trouver sa mère au lit et la tient
embrassée.

H. 55 c. L. 44 c.

DELACROIX (Eug.)

8850.

20 — Sujet tiré de Goetz de Berlichingen.

Wiesslingen enlevé par les gens de Goetz.

Daté 1852.—H. 73 c. L. 60 c.

DIAZ

21 — Diane chasseresse.

La déesse est debout, entourée de ses nymphes ; l'Amour l'accompagne ; devant elle sont des chiens et du gibier.

H. 68 c. L. 43 c

DUBUFE (Ed.)

22 — Bienfaisance.

Une dame et son jeune enfant viennent, par un temps de neige, apporter des vêtements et des provisions à une famille malheureuse.

Daté 1862.—H. 1ᵐ,60 c. L. 1ᵐ,20 c.

GALLAIT

23 — Dalila.

Après avoir livré Samson aux Philistins, Dalila est rentrée sous sa tente pensive et presque anéantie ; une servante soulève une des draperies et regarde au loin partir le prisonnier.

Daté 1862.—H. 2ᵐ,10 c. L. 1ᵐ,84 c.

GAUERMANN (F.)

24 — Retour de chasse.

Une voiture, chargée d'un cerf et attelée de bœufs, passe aux bords d'un lac entouré de montagnes ; chasseurs et chiens boivent à une fontaine.

Daté 1857.—H. 85 c. L. 1ᵐ,04 c.

GÉROME

25 — Phryné devant le tribunal.

Hypéride, chargé devant le tribunal des Héliastes de la défense de Phryné, accusée d'impiété, ose suppléer à l'insuffisance de sa cause en arrachant le voile qui couvrait sa cliente, demandant aux juges s'ils auraient le courage de condamner la prêtresse favorite de Vénus.

Daté 1861.—H. 80 c. L. 1ᵐ,27 c.

GÉROME

26 — Le roi Candaule.

« Et Candaule, quand il fut heure de dormir, conduisit Gyges dans la chambre, et tantôt vint après sa femme, laquelle près de l'huis quittant ses vetements, Gyges la vit, et comme elle lui tournait le dos pour aller au lit, s'échappa ; mais elle l'aperçoit. »

(HÉRODOTE).

Daté 1859.—H. 66 c. L. 1ᵐ.

GROTTGER

100.

27 — La Convalescence du jeune blessé. Sujet polonais.

H. 23 c. L. 18 c.

GUILLEMIN

1450.

28 — La première Pose.

Une pauvre fille qui est venue dans un atelier de peintre pour servir de modèle, est soutenue et encouragée par sa compagne.

Daté 1852.—H. 80 c. L. 64 c.

GUILLEMIN

2400.

29 — La Lecture de l'Evangile, scène bretonne.

Un jeune garçon lit à grand'peine dans une Bible qu'il tient ouverte sur ses genoux ; deux jeunes filles et un vieillard l'écoutent attentivement.

H. 46 c. L. 56 c.

HAMMAN

1000   30 — En Gondole.

H. 49 c. L. 61 c.

HEBERT

6200.   31 — La Malaria.

Famille italienne fuyant la contagion.
Réduction du tableau appartenant au musée du Luxembourg.

H. 54 c. L. 80 c.

JACOB-JACOBS

1150.   32 — Vue du port de Gênes ; effet de soleil couchant.

Da 1862.—H. 1m,13 c. L. 1m,67 c.

JALABERT

2.500.

33 — L'Arrivée au Pèlerinage.

Une petite fille italienne est arrêtée sous le porche de l'église Saint-Pierre, à Rome. Son bâton et ses vêtements de voyage sont déposés à ses pieds.

H. 23 c. L. 13 c.

JOURDAN

3,300

34 — Baigneuse.

Jeune fille assise au pied d'un arbre au sortir du bain; elle est à demi couverte de ses vêtements.

H. 1m,75 c. L. 1m,12 c.

JOURDAN

3000.

35 — Léda.

Elle est assise sur un tertre au bord de l'eau; Jupiter, sous la forme d'un cygne, lui caresse les pieds.

Daté 1864.—H. 2m,03 c. L. 1m,30 c.

DE KEYSER

36 — Godefroy de Bouillon à Jérusalem.

Godefroy de Bouillon est agenouillé devant le Saint-Sépulcre et vient y déposer son épée.

Daté 1856.—H. 1^m,55 c. A. 1^m,28 c.

KNAUS

37 — Le Départ pour la danse.

La population tout entière d'une petite ville d'Allemagne sort de la ville pour fêter le mois de mai; les gamins font la roue et précèdent le cortége; puis viennent les musiciens et un aubergiste portant un petit tonneau sur l'épaule; enfants, jeunes filles, garçons et même les vieillards suivent gaiement à la file.

Daté 1863.—H. 1^m,15 c. L. 1^m,83 c.

KNAUS

38 — L'Invalide.

Un invalide tenant sa canne à deux mains, est assis auprès d'une table sur laquelle est une choppe de bière.

Daté 1861.—H. 88 c. L. 60 c.

LANDELLE

1650.

39 — Jeune Fille italienne buvant près d'un puits.

H. 24 c. L. 18 c.

LAPITO

1100.

40 — Vue du port de Bastia, en Corse.

Daté 1861.—H. 77 c. L. 1^m,14

LESSING (C.-F.)

2675.

41 — Paysage historique.

Un vieux manoir entouré de grands arbres domine une immense vallée. Sur le premier plan, un prisonnier, escorté par des soldats, se dirige vers la porte du château.

Daté 1856.—H. 77 c. L. 1^m,32 c.

LEYS

42 — Charles-Quint écoutant un sermon d'Érasme.

Charles-Quint, encore enfant, assis à côté de sa mère, écoute attentivement le prédicateur qu'entourent des prêtres et des savants. L'église est remplie de fidèles et de curieux.

Daté 1861.—H. 93 c. L. 1ᵐ,16 c.

MADOU

43 — Intérieur de corps de garde.

Une vivandière fait une partie de dés avec un soldat attablé; d'autres soldats les regardent jouer.

Daté 1856.—H. 45 c. L. 36 c.

MEISSONIER

44 — Peintre dans son atelier.

L'Artiste, vêtu d'un costume noir de la fin du siècle dernier, est assis à son chevalet; il travaille avec feu; livres, portefeuilles, dessins, tableaux et instruments de musique remplissent l'atelier.
Collection Lehon.

Daté 1855.—H. 32 c. L. 23 c.

MERLE

1560.

45 — Une Noce de village.

Au sortir de la messe, la mariée traverse les champs suivie
d'un nombreux cortége; des coups de feu sont tirés en son hon-
neur; le ménétrier les précède en jouant du violon.

H. 18 c. L. 35 c.

MULLER (Ch.-L.

6.100.

46 — Marie-Antoinette à la Conciergerie.

La reine est debout, faisant sa prière avant le repas; le geôlier,
accoudé sur un paravent, la regarde attentivement. Plus loin des
soldats fument et jouent aux cartes.

Daté 1857.—H. 93 c. L. 75 c.

VAN MUYDEN

2010.

47 — Scène italienne.

Plusieurs femmes sont réunies au bas du perron d'une maison
et causent avec un monsignor assis près d'elles; une jeune fille
dévide et pelotte de la laine; une servante descend les marches
du perron.

Daté 1858.—H. 60 c. L. 51 c.

DE NOTER (David)

1230.

48 — Intérieur hollandais.

Un vieux paysan cause avec une petite fille qui apporte des fleurs du jardin; près d'eux une jeune femme sourit en les écoutant; l'intérieur est rempli d'accessoires : gibier, légumes, etc.

Daté 1846.—H. 71 c. L. 57 c.

PAUWELS

2110.

49 — Réhabilitation de la mémoire de Lievin Pyn, premier magistrat de Gand en 1541.

Lievin Pyn, victime de l'aveugle fureur du peuple, fut accusé faussement, même par ses ambitieux collègues; il fut mis en prison, condamné à mort et exécuté.

Sur la demande de la famille, Charles V ordonna la réhabilitation de son fidèle sujet. La lecture de cet acte de haute justice fut donnée par un prêtre pendant une messe solennelle dans l'église de Saint-Nicolas et en présence de la famille Pyn, encore plongée dans le deuil.

Le peuple y accourut, pour lui reprocher son égarement, mais l'empereur ordonna que quatre des principaux instigateurs y fussent présents, gardés par des gens d'armes comme des coupables pendant toute la durée de la cérémonie.

Troubles de Gand, par *Gachard*.

Daté 1852.—H. 1m,12 c. L. 1m,79.

PETTENKOFFEN

2.600.

50 — Chariots hongrois.

Plusieurs chariots de paysans hongrois attelés de chevaux suivent une route très-accidentée.

Daté 1858.—H. 32 c. L. 49 c.

PIERRON (G.)

805.

51 — Paysage flamand.

Une route bordée de grands arbres longe une rivière près de laquelle est un bâtiment de ferme.

Figures et animaux.

Daté 1858 —H. 83 c. L. 1m,32 c.

ROBERT FLEURY

1300.

52 — Bethsabée.

Surprise au sortir du bain, elle se couvre précipitamment de ses vêtements.

H. 50 c. L. 42 c.

RUBIO (L.)

130.   53 — Jeune Femme italienne avec deux enfants.

H. 45 c. L. 37 c.

RUBIO (L.)

115.   54 — Deux Pâtres italiens.

H. 45 c. L. 37 c.

SCHEFFER (Ary)

7 200.   55 — Jacob et Rachel.

« Et Jacob baisa Rachel, et élevant sa voix, il pleura. »
GENESIS, chap. 29, v. 2.

Réduction de forme cintrée.—H. 53 c. L. 40 c.

SCHELFHOUT

2475.

56 — Paysage d hiver.

Un canal hollandais couvert de patineurs, de marchands et de traîneaux.

Daté 1848.—H. 69 c. L. 96 c.

SEIGNAC

190.

57 — L'Indiscret.

H. 69 c. L. 96 c.

SEIGNAC

210.

58 — Le Langage des cartes.

H. 33 c. L. 24 c.

STEVENS (JOSEPH)

900.

59 — Chien boule-dogue regardant marcher une tortue.

Daté 1856.—H. 48 c L. 60 c.

STEVENS (Joseph)

730.   60 — Le Petit-Lever.

Deux petits chiens viennent d'entrer dans une chambre à coucher et jappent auprès du lit où dort leur maitresse.

Daté 1858.— H. 59 c. L. 72 c.

STEVENS (Joseph)

320.   61 — Les Amis.

Un terre-neuve blanc, le collier à grelots au cou, et un king-charles paré d'un ruban bleu, attendent la sortie de leur maitre.

Une canne, un chapeau et des gants sont posés sur un tabouret.

H. 40 c. L. 32 c.

TEN KATE (H.)

1000.   62 — Après dîner. Intérieur de famille.

Le table est encore servie, plusieurs enfants jouent à terre; le père renversé dans un grand fauteuil fait sauter sur ses genoux un petit marmot dont la mère surveille tous les mouvements.

Daté 1851.—H. 52 c. L. 66 c.

TISSOT

63 — Marguerite à l'église.

Elle s'est agenouillée en pleurant loin de l'autel, auprès duquel une famille est venue se mettre en prière.

Daté 1860.—H. 68 c. L. 92 c.

TROYON

64 — Paysage et animaux.

Trois vaches et un veau conduits par une jeune fille, traversent un gué.

Le ciel est orageux.

H. 50 c. L. 70 c.

TSCHAGGENY (Ed.)

65 — Moutons fuyant l'orage.

La bergère chemine entourée de son troupeau, le vent souffle, les moutons marchent inquiets.

Daté 1851.—H. 80 c. L. 1ᵐ,30 c.

TSCHAGGENY (Ed.)

2,250. 66 — La rentrée du troupeau.

Une jeune fille, la houlette à la main, précède un troupeau
de moutons; plusieurs d'entre eux s'arrètent pour boire à une
mare.

Daté 1855.—H. 66 c. L. 1m,80 c.

VAN HAANEN

1700. 67 — Paysage d'hiver.

Un ruisseau glacé traverse un paysage couvert de neige; çà et
là quelques figures

Daté 1847.—H. 72 c. L. 95 c.

VAN HOVE (H.)

855. 68 — Le Duo.

Dans un riche intérieur hollandais deux jeunes filles font de la
musique, l'une chante, l'autre touche de l'orgue.

H. 65 c. L. 86 c.

VALÉRIO

69 — Une jeune Fille travaillant; costume des environs de Sienne.

H. 32 c. L. 24 c.

VAUTIER (DE DUSSELDORF)

70 — Une Vente publique en Allemagne.

La vente se fait dans le salon d'un riche hôtel, au milieu d'un nombreux public d'acheteurs de diverses classes.

Daté 1861.—H. 94 c. L. 1ᵐ,38 c.

VERBOECKOVEN (EUGÈNE)

71 — Intérieur d'étable.

Un taureau est attaché par les cornes devant une mangeoire; au fond, quelques vaches debout et couchées.

Daté 1857.—H. 57 c. L. 79 c.

VERLAT (Ch.)

820. 72 — Le Chien du pauvre.

Daté 1861.—H. 28 c. L. 26 c.

VERLAT (Ch.)

910. 73 — Le Chien du riche.

Daté 1861.—H. 28 c. L. 26 c.

VERLAT (Ch.)

660. 74 — Imprudence.

Un chat gris couché guette un moineau qui vient becqueter un épi tombé près de là.

H. 53 c. L. 64 c.

VERLAT (Ch.)

820.

75 — Après déjeuner.

Deux chiens se disputent un os.

Daté 1861.—H. 48 c. L. 60 c.

VERLAT (Ch.)

605.

76 — Les Nouvelles de l'absent.

Une jeune femme vêtue d'un peignoir blanc lit vivement une lettre qu'elle vient de recevoir; une levrette est près d'elle.

Daté 1861.—H. 55 c. L. 45 c.

HORACE VERNET

26.500.

14° obry.

77 — Daniel dans la Fosse aux lions.

Le prophète est agenouillé priant les bras croisés sur la poitrine; un lion et une lionne sont couchés à ses pieds.

Daté 1857.—H. 1^m,45 c. L. 1^m,12 c.

HORACE VERNET

78 — Loin de la patrie.

Un soldat autrichien d'un régiment hongrois, prisonnier de la
dernière guerre d'Italie, interné dans le midi de la France, conduit tristement des bœufs attelés à une charrue que mène le
laboureur, vieux soldat, qui le regarde avec compassion.

Daté 1861.—H. 90 c. L. 72 c.

WILLEMS

79 — La visite à l'Accouchée.

La jeune accouchée sommeille; sa mère écarte les rideaux du
lit et fait signe aux visiteurs de faire silence. Une nourrice allaite
le nouveau-né.

Salon de 1864.—H. 74 c. L. 99 c.

WILLEMS

80 — La Visite.

Un jeune homme salue en s'approchant de deux jeunes femmes
assises devant une grande cheminée; l'une d'elles se lève pour le
recevoir, l'autre interrompt sa tapisserie et tourne la tête vers
lui. Un domestique apporte un siége. Costumes de l'époque de
Louis XIII.

H. 64 c. L. 80 c.

VINTERHALTER (H.)

650-

81 — Tête de jeune Fille.

H. 53 c. L. 45 c.

VINTERHALTER (H.)

1600.

82 — Tête de jeune Fille.

H. 45 c. L. 37 c.

PASTELS

PAR

BROCHARD

460.   83 — Le Lac.

Forme carrée.—H. 65 c. L. 100 c.

520.   84 — L'Étang.

Forme carrée.—H. 65 c. L. 100 c.

2.50   85 — Le Matin.

Forme ovale.—H. 90 c. L. 73 c.

210.   86 — Le Midi.

Forme ovale.—H. 90 c. L. 73 c.

310.   87 — Le Soir.

Forme ovale.—H. 90 c. L. 73 c.

810.   88 — La Nuit.

Forme ovale.—H. 90 c. L. 73 c.

200.   89 — Au Lever du Soleil.

Forme ovale.—H. 90 c. L. 73 c.

250.   90 — Au Coucher du Soleil.

Forme ovale.—H. 90 c. L. 73 c.

120.   91 — Fatma.

Forme ovale.—H. 65 c. L. 55 c.

150.   92 — Gulnare.

Forme ovale.—H. 63 c. L. 55 c.

950. 93 — Le Départ du village.

Forme ovale.—H. 65 c. L. 55 c.

160. 94 — Le Retour.

Forme ovale.—H. 65 c. L. 55 c.

270. 95 — Le Travail aux champs.

Forme ovale.—H. 65 c. L. 55 c.

225. 96 — Le Travail à la ville.

Forme ovale.—H. 65 c. L. 55 c.

280. 97 — Coquetterie.

Forme ovale.—H. 65 c. L. 55 c.

225. 98 — Indécision.

Forme ovale,—H. 65 c. L. 55 c.

Renou et Maulde, imprimeurs de la Compagnie des Commissaires-Priseurs,
rue de Rivoli, 144.   49948

9 782329 521305